INVENTAIRE
29.990

CONFÉRENCES POPULAIRES
ASILE IMPÉRIAL DE VINCENNES
SOUS LE PATRONAGE
DE S. M. L'IMPÉRATRICE

QUELQUES CONSIDÉRATIONS

SUR

MARIAGE

QUELQUES CONSIDÉRATIONS

SUR

LE MARIAGE

IMPRIMERIE L. TOINON ET Cᵉ, A SAINT-GERMAIN

CONFÉRENCES POPULAIRES
FAITES A L'ASILE IMPÉRIAL DE VINCENNES
SOUS LE PATRONAGE
DE S. M. L'IMPÉRATRICE

DÉPÔT LÉGAL
Seine & Oise
n° 715
1867

QUELQUES CONSIDÉRATIONS

SUR

LE MARIAGE

PAR

E. WORMS

Avocat à la Cour impériale de Paris, lauréat de l'Institut,
Professeur à la Faculté de droit de Douai
et à l'Association polytechnique.

PARIS
LIBRAIRIE DE L. HACHETTE ET Cie
BOULEVARD SAINT-GERMAIN, N° 77
—
1867

Droits de propriété et de traduction réservés.

QUELQUES CONSIDÉRATIONS

SUR

LE MARIAGE

MESSIEURS,

C'est du mariage que je dois vous entretenir aujourd'hui. La vérité m'oblige à vous confesser de suite que c'est un *célibataire* qui va vous parler de cette institution ; mais, que les pères de famille se rassurent : si c'est un célibataire, ce n'est pas un ennemi. Pour être l'ennemi d'une institution telle que le mariage, il faudrait être l'ennemi du genre humain, en même temps que l'ennemi de tous ceux qui vivent, et surtout de tous ceux qui souffrent. Quel est en effet le but du mariage ? Il est d'abord de perpétuer l'espèce humaine, en la renouvelant sans cesse, et de réaliser ainsi la volonté du Créateur, qui doit être de donner à l'œuvre *éternelle* de la Création des contemplateurs et des adorateurs éternels ? Et s'imagine-t-on que cette succession infinie de générations puisse être assurée autrement que par le mariage, c'est-à-dire par cette union durable des sexes, confondant leurs intérêts et leurs personnes, jetant dans la communauté leur existence présente et leur existence à venir, établissant entre l'homme, la femme et leurs enfants, une chaîne de droits, de devoirs, et ce qui vaut mieux encore, une chaîne d'amour ! Quels sont donc, en dehors du mariage ainsi compris, les liens sur lesquels on pourrait compter pour peupler l'univers d'une façon persistante ! Ce ne peuvent être évidemment ces liens frivoles et passagers, que le caprice a fait naître, qu'un caprice va dissoudre ; ces liens qui n'ont pour but que le plaisir, et où la venue d'un enfant, loin d'être fêtée comme un événement heureux, est considérée au contraire comme un accident, comme un malheur, comme un sujet de honte, d'opprobre et de désolation. Que voulez-vous que deviennent des enfants nés dans de telles conditions ? Qui aura soin de leur enfance ? Ils n'ont pas de père. Quant à leur mère, si elle ne porte pas sur eux une main criminelle, elle les abandonne, la plupart du temps, poussée qu'elle sera à ce parti extrême ou par les suggestions de sa propre misère, ou par le souci de son honneur et de son indépendance, ou par l'influence des liaisons anciennes ou nouvelles, qu'elle a établies. Et si ces malheureux fruits du libertinage parviennent cependant à échapper aux causes multiples de mort, qui, ainsi que le prouve la statistique, les moissonnent dès leur naissance dans une proportion considérable relativement aux enfants légitimes, ils ne font que traîner ensuite une vie languissante, qu'expier par la raillerie et par le mépris qui s'attachent à leurs personnes les fautes de leurs auteurs, au point de se voir refuser l'accès de toutes les familles, de telle sorte que voilà des descendants condamnés généralement malgré eux à renoncer à cette institution du mariage, dont leurs ascendants se sont joués.

Vous voyez donc que, si la population devait se recruter dans le libertinage, la fin du monde serait bientôt arrivée ; vous voyez bien, combien sagement ont agi toutes les législations qui ont assis l'union des sexes autant que possible sur l'unité et l'indissolubilité, qui ont fondé la famille, qui ont rattaché le père à ses enfants par la transmission du nom et des biens, qui en un mot ont disposé les choses d'une façon si harmonieuse, que tout ce qu'elles décrétaient en faveur des époux profitait aux enfants, et que tout ce qu'elles décrétaient en faveur des enfants profitait aux époux.

Dans de telles conditions, en effet, l'avenir de l'humanité cesse d'être en péril, puisqu'elle peut se reposer avec confiance sur l'efficacité du mariage, sur le concours de l'épouse, pour qui la fécondité est une couronne dont elle se pare avec orgueil et un titre inestimable à l'attachement du mari, sur le concours du mari parce qu'il voit dans

1.

un héritier le continuateur de sa personne, le bénéficiaire de ses efforts, l'ornement de son âge mûr, le soutien de sa débilité, le fruit de ses entrailles.

J'ai cherché, Messieurs, dans mes humbles méditations, à découvrir la raison dernière, profonde, dominante, de l'attrait invincible qu'éprouvent des êtres unis en légitime mariage, à se donner une descendance; et cet attrait m'a paru finalement être celui de la propriété. Ce sentiment du propriétaire a une douceur et une force incomparables; il donne des satisfactions, dont rien ne saurait tenir lieu. Qui de nous ne l'a éprouvé déjà? S'il est ouvrier comme vous, il a maintes fois admiré le travail de ses dix doigts; s'il est poëte, il a récité avec extase ses vers cadencés; s'il est inventeur, il s'est enfermé jalousement avec son procédé nouveau, qu'il expérimente pour la centième fois ; si c'est une jeune femme qui vient de se marier, écoutez avec quel accent indéfinissable elle dit : *mon mari;* et quant au mari, jeune ou vieux, essayez de manquer tant soit peu à la compagne de sa vie, et vous verrez s'il veut qu'on respecte *sa femme.*

Eh bien, ce sentiment se retrouve avec une intensité suprême dans la paternité ou la maternité, issue du mariage, parce que là l'appropriation civile est exaltée encore par les frémissements de la nature. Que de magie dans ces simples mots : mon enfant ! Mais pour en comprendre toute la profondeur et toute la puissance, il faut les avoir entendus dans la bouche d'une mère.

Ainsi ce n'est pas dans l'union fortuite des sexes, mais dans l'union que consacrent les lois et la religion, dans l'union qui impose des devoirs et confère des droits, dans l'union qui lie plusieurs êtres en un faisceau indissoluble et les rend solidaires les uns des autres ; c'est dans cette union-là que se trouve l'attrait et le stimulant, c'est elle qui tient la clef de l'avenir ; et s'il a toujours été juste, politiquement et physiologiquement parlant, de considérer la famille comme le fondement de la société, on va plus avant encore dans la vérité, en reculant les origines sociales jusqu'au mariage, puisque c'est le mariage qui est le point de départ de la famille.

Mais ici je rencontre une objection spécieuse qu'on peut formuler ainsi : Les races animales qui nous entourent, se perpétuent bien par une promiscuité instinctive et capricieuse, pourquoi n'en serait-il pas de même pour notre espèce humaine ? Ah !

Messieurs, que je voudrais en ce moment posséder la puissance de quelque grand orateur, pour donner la force qui lui est propre, à la réponse qui m'assiége. Qui ne voit combien est outrageante pour nous la comparaison qu'on cherche à établir? Certes, nous participons par beaucoup de côtés à la vie animale, mais il y a un point qui nous en différenciera éternellement; et ce point, c'est le sentiment du devoir. C'est ce sentiment du devoir qui réglera et expliquera toujours la diversité de nos destinées; c'est lui qui forme la loi divine du genre humain, loi à laquelle nous ne saurions nous soustraire sans déchoir aussitôt et sans disparaître.

Ouvrez l'histoire, Messieurs; suivez avec quelque attention les vicissitudes des peuples les plus célèbres: du moment où les instincts grossiers ont pris le dessus sur les règles morales, de ce moment aussi date leur décadence et leur absorption.

Le libertinage est le règne de l'instinct: aussi conduit-il à la stérilité et au dépeuplement; le mariage, au contraire, qui est le règne de la vertu, puisqu'à côté et au-dessus du plaisir il place le devoir, au lieu de tarir les sources de la vie, les entretient, et creuse un lit de plus en plus large au flot de l'humanité.

Mais c'est trop insister peut-être sur ces premières considérations, sur lesquelles nous ne saurions être en dissentiment, et j'arrive immédiatement au deuxième but du mariage, car il y en a un deuxième, qui se lie au premier comme un impérieux devoir, mais qui peut aussi en rester complétement indépendant.

Ce deuxième but, que l'homme et la femme se proposent en s'unissant, consiste à pouvoir s'appuyer l'un sur l'autre dans cette traversée si orageuse de la vie, à partager ensemble les joies et les tristesses, les catastrophes et les enivrements, l'éclat de la grandeur et l'amertume des revers, à échanger enfin la force, l'énergie, l'aptitude, l'égide tutélaire de l'un contre la tendresse, le dévouement et les vertus consolatrices de l'autre.

Vous n'attendez pas évidemment de moi, Messieurs, que je vous énumère les avantages que les femmes peuvent trouver à nous avoir pour leurs compagnons inséparables; autrement on nous reprocherait de ne nous être réunis ici que pour nous tresser des couronnes; et puis, tenez, je préfère pouvoir porter encore une qualité de plus à votre actif: la modestie, le dédain des flatteurs, la conscience d'un mérite plutôt insuffisa[nt] qu'excessif. Ce n'est d'ailleurs qu'avec cett[e] qualité que l'homme atteint à cette perfec- tion relative, qui le rend sociable, pacifiqu[e] et bienveillant à l'égard de sa compagne.

Mais s'il ne paraît pas convenable de nou[s] étendre dans cette enceinte sur les avantage[s] du sexe fort, il n'y a pas de raison pou[r] garder la même réserve vis-à-vis de l'autr[e] sexe, ne fût-ce que pour prouver qu'ave[c] nous les absents n'ont jamais tort, et qu'e[n] France l'esprit chevaleresque demeure fidèl[e] à ses vieilles traditions. Au surplus, en fa[it] de générosité, nos compatriotes peuvent re[n]contrer des émules sinon des maîtres da[ns] un peuple disparu, le peuple romain, q[ui] au premier abord paraît cependant être res[té] bien étranger aux délicatesses du cœur, et [je] ne saurais oublier à cet égard les spirituell[es] et discrètes paroles de Paul Émile, le vainqueur de Persée et un des plus grands citoyens de la République. Forcé de divorcer d'avec sa femme, il s'attira les vifs reproches des parents et amis de cette dernière, qui vinrent lui demander les raisons de sa répudiation. « Vous voyez ma chaussure, leur dit-il, elle est neuve et elle est belle : eh bien, il n'y a que moi qui sache où elle me blesse. »

Mais c'est un tort peut-être d'évoquer le souvenir d'un divorce au moment même où je me propose de concilier aux femmes l'affection à laquelle elles ont presque toujours droit, qu'elles ne compromettent que fort rarement et encore que sous l'empire d'excitations, dont le plus souvent nous sommes nous-mêmes les fauteurs.

Toutefois, à côté du tort il y a l'excuse ; et si je viens d'emprunter au peuple romain un exemple de divorce, je puis rappeler aussi avec quelque à-propos qu'il n'y a pas de peuple où le divorce, quoique possible, quoique permis par la loi, fût moins en faveur et moins pratiqué, à telle enseigne que, si l'on en croit ses historiens nationaux, il s'écoula cinq cent vingt ans depuis la fondation de Rome avant qu'un mari ne songeât à recouvrer sa liberté par ce moyen : encore n'y recourut-il, nous dit-on, que pour cause de stérilité de sa femme.

Cependant en abordant l'apologie du sexe féminin, afin de justifier le second mobile qui nous invite au mariage, j'éprouve un scrupule. Ne dois-je pas redouter, en effet, de toucher à une corde qu'on a fait vibrer tant de fois déjà, et ne va-t-il pas sembler que je veuille rivaliser de lyrisme avec les poètes qui, depuis le commencement des siècles, ont vanté et chanté sur tous les tons les attraits de la femme? Ne craignez rien, Messieurs, la diversité des points de vue m'épargnera les tentations et les écueils de la lutte. Je n'entends pas ici élever un piédestal à l'antique déesse de la beauté ; car si quelque divinité devait être invoquée par moi dans cet entretien, ce ne pourrait être qu'une divinité domestique, quelque épouse méritante comme l'antiquité nous en offre, par exemple, des modèles accomplis dans la tendre Andromaque ou dans la fidèle Pénélope.

Oui, je concède volontiers aux femmes tous les charmes et toutes les séductions ; et encore faut-il bien reconnaître qu'elles ne les possèdent souvent qu'à des degrés contestables ; mais ce qu'on trouve sûrement chez elles, à tous les âges et sous toutes les enveloppes, c'est un fonds inépuisable de tendresse ; entendons-nous toutefois : les promesses que j'ose vous faire en leur nom, elles ne les réalisent que dans le mariage; dans l'état de liberté réciproque, rien n'est pervers comme leurs sentiments, rien n'est funeste comme leur action, parce qu'elles ne songent alors qu'à se venger de nos mépris et à nous les faire payer le plus chèrement possible ; on se flatte, en ne nouant avec elles que des liens temporaires, de se soustraire à un joug pesant; mais, après qu'elles ont attiré par la coquetterie, elles savent, tout en trahissant, retenir par la ruse; l'intérêt qu'elles ont à ne pas perdre leurs amants et la peur de les voir échapper leur font rechercher la domination à tout prix, et le nom de maîtresses, qu'on leur donne chez nous, indique parfaitement leurs tendances et leur empire habituels ; de façon, Messieurs, qu'en vue de conserver son indépendance, on s'expose précisément à subir le joug le plus tyrannique et le plus détestable.

La femme mariée, au contraire, n'a pas ces visées dominatrices; rassurée qu'elle est sur la durée de ses relations par les lois de son pays, par le serment de son époux et par les enfants qu'elle lui donne; associée qu'elle est aussi à sa fortune, bonne ou mauvaise, elle est fière et heureuse de sa supériorité, et ne songe qu'à le seconder efficacement. Et c'est dans cette collaboration de tous les jours, que sous le triple aiguillon de l'amour conjugal, de l'amour maternel, de l'amour du foyer domestique, elle développe ces qualités inestimables de l'esprit et du cœur, dont Dieu l'a douée avec tant de munificence comme pour la dédommager de la fragilité de sa nature corporelle.

Chose bien curieuse ! il n'est pas de situation pour l'homme, à côté de laquelle la femme ne puisse dignement occuper sa place, et sur laquelle elle ne sache projeter encore le doux rayonnement de sa bienfaisante action. Je pourrais appuyer ma démonstration sur les exemples que fournissent à l'envi tous les rangs de la société, mais vous me pardonnerez si, dans l'embarras où me jette un choix trop abondant, je ne m'arrête qu'à ceux qui, dans une enceinte comme la nôtre, s'imposent tout naturellement à l'esprit. Ma pensée reconnaissante se reporte donc tout d'abord vers la femme auguste à qui nous devons l'initiative des rapports à tous égards si précieux, qui s'établissent entre vous et ceux qui, comme moi, ont l'honneur de parler de ce siége.

SUR LE MARIAGE 23

Mais j'ai hâte de quitter ce terrain, pour ne pas paraître vouloir louer la Souveraine, alors que je n'aurais voulu louer que la femme dans sa personnification sociale la plus élevée, et j'arrive maintenant avec bonheur à vos compagnes, Messieurs, à la compagne de l'ouvrier. J'y arrive sans transition, car pour les sentiments intimes que nous étudions en ce moment, la femme du peuple offre peut-être l'exemple le plus touchant. On pourrait même dire sans exagération que c'est dans les couches les plus modestes de la société, que le rôle de la femme et de la mère revêtent un caractère particulièrement édifiant, et cela s'explique : pour la fille du peuple, le mariage n'apparaît jamais que dans une perspective lointaine et fuyante. Dans son dénûment, qui voudra l'épouser ? voilà son inquiétude, voilà l'idée anxieuse qui la poursuit sans cesse. Et si elle tient cependant à atteindre le but, comme elle sait que les maris veulent toujours une dot, sinon en argent, au moins en sagesse, la voilà qui s'applique à devenir un modèle de vertu et d'incorruptibilité, à repousser toutes les séductions, à détourner jusqu'au soupçon lui-même, à conquérir enfin tous les titres possibles à l'estime et au respect des hommes. Or, je dis qu'une telle préparation à la vie domestique, quand elle a été poursuivie à travers tant de piéges tournés, de défaillances surmontées, d'épreuves courageusement subies, assure et garantit bien mieux qu'un accès facile du mariage, la pureté et la sainteté de ce dernier. Et que la jeune fille, que je viens de mettre en scène, réussisse maintenant à toucher le cœur d'un honnête homme, elle est alors arrivée au sommet de ses espérances, puisque, pour rappeler une terminologie précédemment employée, la voilà devenue propriétaire pour la première fois de sa vie : propriétaire d'un foyer, propriétaire d'un mari, propriétaire enfin de tous les chérubins qui vont lui advenir ; or, Messieurs, on apprécie et on traite mieux ce que l'on a conquis plus difficilement, alors qu'il s'agit surtout de la conquête du seul bien auquel on puisse prétendre; et c'est ainsi que nous voyons la jeune fille du peuple, quand elle est parvenue au grade d'épouse et de mère, considérer sa double mission, non pas comme une mission vulgaire, mais comme une véritable dignité, comme un sacerdoce ou comme une magistrature.

D'ailleurs, les résolutions que la femme

apporte dans le mariage ne s'affaiblissent pas pendant sa durée, et vont bien plutôt encore en se fortifiant.

Une qualité essentielle, qu'il convient de rappeler entre tant d'autres, c'est sa résignation, sa patience, la résistance qu'elle oppose au découragement le plus légitime. Si je vous en parle, Messieurs, ce n'est pas, bien entendu, pour vous engager à la mettre à l'épreuve, mais parce qu'il m'a été donné quelquefois d'en apprécier par moi-même la singulière énergie.

En effet, ma modeste pratique professionnelle m'a procuré quelquefois l'honneur que je recherchais d'être l'avocat des pauvres, et je suis devenu ainsi de temps en temps le confident et le conseiller de certaines malheureuses, qu'une vie commune insupportable, en même temps que l'intérêt des enfants, avait déterminées à demander leur séparation de corps par l'entremise de l'assistance judiciaire. Certes, elles avaient beaucoup souffert; ni les outrages, ni les privations, ni les mauvais traitements ne leur avaient été épargnés ; souvent même leurs jours avaient été mis en péril; au surplus leurs déboires ne dataient pas de la veille, et leur longanimité les avait parfois conduites jusqu'au déclin de la vie, ce qui ne permettait évidemment pas de leur attribuer quelque arrière-pensée moins avouable, eh bien, le croiriez-vous, Messieurs, au moment où je m'apprêtais à appeler l'attention de la justice sur leurs infortunes domestiques, et à solliciter la sentence qui devait mettre un terme à leurs maux, plus d'une fois c'est elles-mêmes qui venaient me désarmer, qui venaient plaider auprès de moi la cause de leurs maris, rejetant leurs torts soit sur les fureurs inconscientes du vin, soit sur l'ascendant d'une adroite concubine, et qui me priaient de m'employer auparavant pour tenter une réconciliation et ramener la paix au sein du ménage !

Mais à vous-mêmes n'est-il pas souvent arrivé, en lisant les journaux, de rencontrer des articles qui vous introduisaient dans les enceintes de la cour d'assises ou de la police correctionnelle et qui vous montraient le spectacle émouvant d'une femme mariée, appelée comme témoin à charge de son mari, par qui elle avait été maltraitée, meurtrie ou menacée dans son existence, et se prosternant aux pieds des juges pour implorer la grâce du père de ses enfants ?

Or, si les femmes sont si clémentes à l'égard même des époux dénaturés, que ne doivent-elles pas être pour ceux auxquels elles n'ont à reprocher que les disgrâces d'une destinée cruelle !

Que le mari vienne donc sans sa faute à être atteint dans sa fortune ou dans sa santé, et si le dévouement de l'épouse a pu jusque-là laisser à désirer quoi que ce soit, il va maintenant franchir même les limites du possible. Je suis convaincu que les convalescents mariés qui m'entendent ne me démentiront pas, je suis convaincu que quelle que soit la sollicitude et le bien-être qu'ils trouvent ici et, quelque intérêt que leur inspirent nos Conférences, ils préféreraient encore les soins attendris de leurs femmes, si des raisons majeures ne s'y opposaient ; je suis convaincu enfin que, concurremment avec les prescriptions de leurs excellents médecins, le désir de regagner au plus vite leur foyer doit singulièrement hâter leur guérison définitive.

C'est que les femmes ne prodiguent pas que des soins matériels, elles prodiguent encore tous les trésors de leur cœur, et quand elles veillent au chevet d'un malade, l'espérance et la consolation y veillent avec elles. Leur puissance à cicatriser nos blessures physiques et morales touche au prodige, et je ne puis mieux faire à cet égard que de vous redire un trait, que je rencontrais l'autre jour dans mes lectures. Il s'agissait de Camille Desmoulins, une des figures les plus originales de notre immortelle Révolution ! Son arrêt de mort avait été prononcé, et il était écroué à la Conciergerie, en attendant la fatale charrette. Vous savez quelle fut cette nature ardente, sauvage, tellement engagée dans le tourbillon des passions politiques, qu'il semblait qu'elle dût être étrangère à tous autres sentiments. Tout à coup les exécuteurs se présentent, et s'avancent vers lui pour faire sur sa personne les funèbres préparatifs. Il résiste, il se débat, une lutte s'engage, dans laquelle il est terrassé et garrotté ; à ce moment suprême il se retourne vers son illustre compagnon de captivité en lui disant : « Danton, veuille » mettre dans ma main, je t'en prie, la boucle » de cheveux de ma femme. » Je ne sais pas, Messieurs, si dans cette boucle soyeuse Desmoulins pensa posséder un talisman contre le sort inflexible qui lui était réservé, mais il est probable que ce lien magnétique avec le seul être qui lui demeurât encore fidèle, adoucit beaucoup cette terrible transition de la vie au trépas.

Jusqu'ici, Messieurs, je ne vous ai fait

voir, sans même les épuiser, que les avantages en quelque sorte moraux de l'association de la femme à l'existence agitée de l'homme ; elle en procure d'autres encore, qu'on pourrait appeler les avantages économiques et dont vous voudrez bien me permettre de dire au moins quelques mots.

L'homme, il le répète assez souvent lui-même, est, grâce à son travail, un agent essentiel de production ; c'est là en effet son grand mérite, son titre à une position prédominante dans le ménage, et je ne songe pas à le lui disputer au profit de la femme, quoique dans la constitution actuelle de la société, le nombre des industries où elle peut s'employer utilement aille tous les jours en grandissant.

Mais, il faut le reconnaître, par cela même

que le rôle productif est généralement un rôle extérieur, il convient en tout cas mieux à une fille qu'à une femme mariée, que ses devoirs domestiques retiennent le plus souvent au logis. Est-ce à dire que dans le grand mouvement des richesses elle ne dût pas compter pour grand'chose? Ce serait là une erreur grossière.

Il est bien certain tout d'abord que partout où il y a association, il y a économie de frais généraux, et que si par hasard il y avait des ressources réciproques elles subiraient un retranchement d'autant moindre. Mais, me plaçant même au point de vue exclusif du mari, j'observe que s'il est, lui, l'agent principal de la production des richesses domestiques, sa femme mérite d'être considérée comme l'agent le plus efficace de leur conservation.

Connaissez-vous un ouvrier, quelque élevé que soit son salaire, qui fasse habituellement des économies ? J'en doute fort. Eh bien, que cet ouvrier vienne à se marier et, par un phénomène étonnant, ce pécule quotidien, qui suffisait à peine à ses propres besoins, servira à entretenir convenablement toute sa famille et même à alimenter peut-être un fonds de réserve. Comment s'est opéré ce miracle ? Tant que l'ouvrier était garçon, on lui faisait supporter, au dehors, à part la valeur intrinsèque des matières premières, la façon de ses vêtements, la préparation de sa nourriture, tous les services se rattachant à son entretien ; sa femme, en devenant son fournisseur sur presque tous ces points, fait tourner les bénéfices de sa main-d'œuvre au profit du ménage ; et ce n'est pas tout, et en dehors des besoins indispensables dont l'ouvrier célibataire devait aller demander la satisfaction à des tiers, il s'était créé aussi des habitudes dispendieuses, auxquelles pousse l'isolement, telles que la fréquentation des cabarets, la débauche, et que sais-je encore? Or, ces habitudes s'évanouissent du jour où en rentrant chez lui il est sûr d'y rencontrer une épouse affectueuse et des enfants joyeux! Quant à ces enfants, c'est encore leur mère qui les élève, qui leur donne elle-même la première éducation et qui les conduit presque sans frais jusqu'au moment où ils pourront rendre des services rémunérés et concourir ainsi eux-mêmes à la prospérité générale.

Mais c'est à un autre point de vue encore que l'influence économique de la femme apparaît de la façon la plus décisive. Quand je concédais que la femme exerce une médiocre influence sur l'alimentation du ménage, je me montrais par trop facile, car si elle n'y pourvoit pas directement, elle y contribue indirectement au moins par l'impulsion extraordinaire que les enfants issus du mariage impriment à l'activité du chef de famille. Ce n'est guère qu'avec les enfants que l'ambition vient à l'homme, et la préoccupation de leur avenir, dont il est bien autrement soucieux que du sien propre, s'impose à son esprit avec une opiniâtreté qui le détermine aux efforts les plus soutenus.

Un travail curieux à faire et que j'entreprendrai peut-être un jour, consisterait à dresser pour un même nombre de célibataires et d'hommes mariés, placés tout d'abord dans les mêmes conditions et ayant le même point de départ, une statistique comparée, relatant leurs vicissitudes et leurs fortunes diverses. Pour mon compte je sais bien d'avance quel côté l'emportera sur l'autre en progrès et en réussite.

Nous aurions ainsi ébauché à grands traits les deux buts principaux du mariage; quand on les rapproche, on ne peut s'empêcher d'admirer l'ordre providentiel qui veut que ces deux buts, tout en marchant parallèlement et de front, se prêtent cependant un mutuel appui et se fortifient l'un par l'autre; plus, en effet, est grand l'accord qui règne entre les époux, plus cet accord les portera à vouloir revivre dans des enfants faits à leur image; et réciproquement chaque enfant auquel ils donnent le jour scelle davantage le pacte d'amitié qui les unit.

Mais s'il est vrai que le mariage assure l'accomplissement des destinées individuelles, qui y trouvent la plus grande somme de bonheur, de moralité et de bien-être, quelles sont les conclusions qu'il doit nous suggérer? C'est qu'on ne saurait voir sans déplaisir le commun des hommes se soustraire aux obligations et aux devoirs de l'union conjugale, obligations et devoirs qui par leur multiplicité et leur gravité sont le plus propres à nous imprimer une direction honnête, morale, féconde, digne enfin de nos grandes destinées.

D'un autre côté cependant, j'aurais bien garde d'adopter un parti tout à fait opposé, et de prôner les dispositions légales qui, ne s'en référant plus à la seule inclination des futurs, s'efforcent de pousser au mariage, en faisant appel à l'orgueil ou à la cupidité des hommes.

Nous pouvons sous ce rapport citer les

lois romaines, dites lois caducaires, qui furent établies du temps d'Auguste pour reconstituer des populations que les guerres avaient décimées, et qui privèrent du bénéfice des successions et des legs, voire même de certains honneurs publics, les célibataires, et dans une certaine mesure aussi les époux sans enfants.

De pareilles lois ne peuvent appartenir qu'à une époque de décadence, pour proposer ainsi aux citoyens le troc de leur liberté en ce qu'elle a de plus précieux contre la jouissance des honneurs et des richesses.

Vous trouverez cependant peut-être des hommes d'État qui en vanteront le procédé comme tout à fait approprié au but qu'il s'agissait d'atteindre; vous rencontrerez surtout, comme il ne m'est que trop souvent arrivé à moi-même, de très-doctes jurisconsultes s'extasiant avec emphase devant la charpente admirable du système, sans se douter seulement qu'ils côtoient une législation des moins honorables pour notre espèce.

Elle n'était pas honorable, parce qu'elle substituait à l'empire de la raison et de la morale le vil mobile de l'intérêt qui, de même que la fraude, corrompt tout ; et ainsi elle arrivait, sous prétexte de favoriser les mariages, à les pervertir, à changer même complétement leur nature, puisqu'auparavant la vie commune et la procréation des enfants avaient été la vraie fin du mariage, tandis que désormais ce qui avait été but jusque-là devenait lui-même moyen, un moyen de sauvegarder des avantages pécuniaires. L'attrait de l'intimité conjugale devint naturellement si peu de chose, que le divorce envahit plus que jamais les mœurs, car vous comprenez bien que cette législation devait avoir pour cortége obligé et en quelque façon pour correctif le divorce, chargé de réparer les torts de la nature. Réfléchissez-y, Messieurs, et demandez-vous quelle affection pouvait dans de telles circonstances exister du mari à la femme, et même du père à ses enfants?

Au surplus, pour cet ordre de considérations, vous me permettrez certainement d'invoquer l'autorité d'un de nos plus illustres contemporains, M. Franck, de l'Institut, qui dans une conférence faite l'année dernière à l'École de Médecine sous les auspices de l'Association polytechnique, disait en propres termes : « C'est dans l'union de l'amour et du devoir, qu'est la dignité et tout l'avenir du mariage. Ce n'est qu'à ces conditions, que le mariage est dans l'ordre naturel selon la conscience; en d'autres termes dans l'ordre moral. Le mariage d'intérêt, le mariage d'ambition et de vanité ne sont pas dans la nature. Le seul mariage naturel, j'allais dire le seul légitime, est celui qui s'appuie et repose sur ces deux bases inébranlables, l'amour et le devoir; qui a commencé avec ces deux nobles sentiments, qui doit finir avec eux, et ne se dissoudre qu'au moment de la séparation inévitable, du divorce éternel. »

Mais si les lois caducaires attentaient à la sainteté du mariage, en sapant son pivot naturel, qui est le sentiment du devoir, on peut dire aussi qu'elles étaient éminemment antisociales, en rapprochant et en mêlant, par le seul appât du gain, des classes que la conscience de leur dignité devait préserver de mésalliances par trop scandaleuses.

Il est vrai de dire que, sous le niveau égalitaire d'un législateur despote, tous les rangs se confondent et qu'il n'y a plus de place pour ces distinctions rationnelles qui font l'honneur des familles et la gloire des pays véritablement libres.

Enfin, c'est bien gratuitement, selon moi, que les auteurs de cette législation se compromettaient ainsi vis-à-vis de la morale et des convenances; car je ne sache pas, et aucun historien n'est venu dire, à ma connaissance, que le remède ait produit le résultat désiré; et il est même permis de prétendre qu'il ne le pouvait pas, attendu que ce n'est pas le déplacement des richesses acquises, la perspective de s'enrichir du bien d'autrui qui peut amener dans la population des États une progression continue, et que cette densité agrandie ne doit être cherchée que dans l'accroissement de la richesse et de la prospérité nationales.

Mais au milieu de ces tendances en sens contraire dont les unes éloignent du mariage, dont les autres y conduisent en quelque sorte par contrainte, quel est, sur le seul point que le temps permette d'effleurer, notre propre solution? Elle est bien simple et, bien que je ne l'aie trouvée exprimée nulle part, je la crois au fond de tous les cœurs. Elle est de celles qui ne veulent faire violence à personne et qui veulent faire justice à tout le monde. Elle peut paraître purement économique, mais je pense que ni la philosophie ni la morale ne la désavoueront. Ma solution est dans la liberté.

Aussi dirais-je volontiers aux législateurs de tous les pays : Le mariage est une grande et sainte institution, qui intéresse à la fois la civilisation et l'humanité. Montrez-vous-y favorables, en en rendant l'accès facile, en le débarrassant des formalités superflues, en élaguant le plus possible les causes d'inaptitude tirées soit de la position de fortune des futurs, soit des préceptes de quelque religion positive, soit de préoccupations morales ou sanitaires, que la morale ou l'intérêt de la race ne justifieraient pas suffisamment.

Mais après avoir écarté les prohibitions, arrêtez-vous : n'allez pas, par un zèle aveugle, par des excitations immorales, compromettre cette union des sexes, qui sera d'autant plus bienfaisante et d'autant plus respectée, qu'on s'y sera plus librement résolu.

Quant à vous, mes chers auditeurs, ou du moins, quant à ceux d'entre vous qui ne sont pas enrôlés encore dans le grand régiment du mariage, voici ce que je crois pouvoir vous dire : en fait de mariage, il n'y a pas de conseil absolu à donner. A cet égard, la meilleure chose à faire, c'est de consulter son cœur et ses forces.

Si les besoins du cœur, l'amour ou la sympathie vous y poussent, vous serez un bon mari, et la compagne que vous aurez choisie sera heureuse, à une condition cependant : c'est que vos forces vous permettent de prétendre à cette dignité de chef de famille.

Et par ces forces je n'entends pas seulement les qualités qui nous rendent facile l'accomplissement des obligations morales découlant du mariage, mais encore ces ressources ou cette industrie, qui assurent à la famille présente ou à venir son pain quotidien.

Oui, sans doute, la nature semble nous avoir tous destinés au mariage, mais avec la perpective que nous pourrions en supporter les charges ; et à tout prendre, il est plus digne encore d'un honnête homme de décliner des obligations que de les accepter avec la crainte de ne pas pouvoir les remplir.

Et maintenant, Messieurs, avant de nous quitter, un dernier mot encore qui s'adresse à ceux qui sont mariés aussi bien qu'à ceux qui le seront un jour. Le mariage, il est vrai, crée des liens d'une douceur incontestable, mais il est d'autres liens encore en ce monde qui ne manquent ni de charme ni de puissance. Un de vos plus éloquents professeurs et un de mes maîtres bien-aimés, M. Louis Wolowski, revendiquait l'autre jour devant vous l'intimité qui s'établit entre des éclopés ; il avait bien raison : la souffrance est un ciment des plus énergiques ; toutefois, au-dessus de la souffrance physique, il y a peut-être des causes d'une attraction plus irrésistible encore, et j'en entrevois une dans la communauté d'idées que j'ambitionne entre vous et moi sur ce grand sujet moral et social du mariage.

FIN.

Imprimerie L. Toinon et Cie, à Saint-Germain.

LIBRAIRIE DE L. HACHETTE ET Cⁱᵉ,
BOULEVARD SAINT-GERMAIN, 77, A PARIS.

GUIDES ET ITINÉRAIRES

POUR LES VOYAGEURS

PUBLIÉS SOUS LA DIRECTION
DE M. ADOLPHE JOANNE

I. GUIDES DIAMANT, IN-32 JÉSUS.

CONTENANT DANS UN PETIT FORMAT TOUS LES RENSEIGNEMENTS NÉCESSAIRES AUX VOYAGEURS.

Les touristes se plaignent, depuis quelques années, du poids et de la grosseur des Itinéraires auxquels leurs auteurs, s'ils veulent être exacts et complets, sont obligés, tout en se limitant le plus possible, de donner des développements sans cesse croissants.

Pour répondre à ces justes réclamations, les Editeurs de la collection des Guides-Joanne ont résolu de publier une seconde collection, dite des *Guides diamant*, qui contient, sous la forme la plus commode et dans les conditions de poids les plus favorables, tous les renseignements pratiques indispensables aux voyageurs.

Dans la pensée des Editeurs, les Guides diamant, publiés sous la direction de M. Adolphe Joanne, doivent être non les remplaçants, mais les auxiliaires des Itinéraires dont ils renfermeront la substance. Vrais Guides de poche, ils pourront être emportés facilement dans toutes les excursions; ils seront toujours consultés avec profit, car les touristes y trouveront, à part les détails spécialement réservés pour les grands Guides, toutes les indications désirables sur les distances parcourues, les localités visitées, les hauteurs atteintes, les curiosités de l'art ou de la nature admirées, enfin sur les hôtels préférables, les guides les plus utiles, les précautions nécessaires.

Chaque volume des Guides diamant sera imprimé avec luxe sur un papier léger et solide et cartonné élégamment en percal. gaufrée.

EN VENTE :

La Suisse, par *Adolphe Joanne* (6 cartes). 1 volume cartonné. **4 fr.**
Paris, par *Adolphe Joanne*. 1 volume cartonné. . . . . . **3 fr.**
L'Italie, par *A. J. Du Pays* (10 cartes ou plans). 1 vol. cart. **4 fr.**

SOUS PRESSE :

Les Bords du Rhin; — la **France**; — la **Belgique**; — la **Hollande**; — la **Normandie**; — les **Vosges**; etc.

II. GUIDES FORMAT IN-18 JÉSUS.

La reliure de chaque volume se paye de 1 fr. à 1 fr. 50 en sus des[prix] ci-après marqués.

1° GUIDES POUR PARIS ET SES ENVIRONS.

Paris illustré, nouveau guide de l'étranger et du Parisien, [par] A. Joanne, contenant 410 vignettes dessinées sur bois, un plan [de] Paris, les plans des bois de Boulogne et de Vincennes, du Lou[vre,] du Père La Chaise, du Jardin des plantes, etc. 1 vol. . . 10[fr.]

Guide parisien, par A. Joanne. Ouvrage contenant tous les ren[sei]gnements nécessaires à l'étranger pour s'installer et viv[re à] Paris, et visiter toutes les curiosités de cette ville, illustr[é de] 24 gravures et accompagné d'un plan de Paris. 1 vol. . . . .

Paris (Nouveau plan de), comprenant les vingt arrondissem[ents] contenus dans l'enceinte des fortifications, et une liste alph[abé]tique indiquant, avec renvoi au plan, toutes les voies de c[om]munication; dressé par A. Vuillemin, et tiré sur grand mo[nde.] Collé sur toile.. 4 f[r.]

Les Environs de Paris illustrés, itinéraire descriptif et histori[que,] par A. Joanne. 1 vol. de 850 pages, contenant 220 gravures, [une] grande carte des environs de Paris et sept autres carte[s et] plans...

Le nouveau Bois de Boulogne et ses alentours, par J. Lobet, [con]tenant un plan et 20 vign. 1 vol. . . . .

Guide du promeneur au Jardin zoologique d'acclimatation. 1 [vol.] Prix, broché. . . . .

Versailles, son palais, ses jardins, son musée, ses eaux, les [deux] Trianons, Saint-Cloud, Ville-d'Avray, Meudon, Bellevue, Sèv[res,] par A. Joanne, ouvrage illustré de 37 vignettes et accompagn[é de] 3 plans. 1 vol.. . . . .

Versailles et les deux Trianons, extrait du précédent. 1 vol[ume] in-32. Relié.. 1

Le Parc et les Grandes Eaux de Versailles, extrait du précé[dent] et contenant 20 vignettes. . . . .

Fontainebleau, son palais, sa forêt et ses environs, par A. Joa[nne.] 1 vol. contenant 25 vignettes, une carte de la forêt et un p[lan] du château.. . . . .

Paris à Saint-Germain, à Poissy et à Argenteuil, par *A. Joanne*. 1 vol. in-18 jésus, illustré de 24 vignettes.. . . . . 1 fr.

Paris à Sceaux et à Orsay, par *A. Joanne*, 1 vol. in-18 jésus, contenant 21 vignettes et une carte.. . . . . 1 fr.

2° GUIDES GÉNÉRAUX POUR LA FRANCE.

Itinéraire général de la France, par *A. Joanne* :

Paris illustré. 1 vol.. . . . . 10 fr.
   Voir ci-dessus, *Guides pour Paris et ses environs*.
Les environs de Paris illustrés. 1 vol.. . . . . 7 fr.
   Voir ci-dessus, *Guides pour Paris et ses environs*.
Bourgogne, Franche-Comté, Savoie. 1 volume de près de 600 pages contenant 11 cartes et 6 plans.. . . . . 6 fr.
Auvergne, Dauphiné, Provence. 1 volume contenant 4 cartes et 11 plans.. . . . . 10 fr.
La Loire et le centre de la France. (*Sous presse.*)
Les Pyrénées. 1 fort vol. contenant 6 cartes et 9 panoramas. 10 fr.
La Bretagne. 1 vol. (*Sous presse*, pour paraître en 1866.)
La Normandie (Eure, Seine-Inférieure, Orne, Calvados, Manche). 1 volume contenant 7 cartes et 4 plans.. . . . . 6 fr.
Le Nord. 1 vol. (*En préparation*, pour paraître en 1867.)
Les Vosges et les Ardennes. 1 vol. (*Sous presse.*)

Guide du voyageur en France, par *Richard*, 26° édition entièrement refondue. 1 fort volume contenant 8 cartes. . . . 8 fr.

Guide du voyageur dans la France monumentale, ou Itinéraire archéologique, par *Richard* et *E. Hocquart*. 1 fort volume contenant la matière de trois volumes et une carte.. . . . 9 fr.

Journal de voyage d'un touriste dans le midi de la France et en Italie, par *A. Asselin*. 1 volume.. . . . . 3 fr.

La collection des **Guides Joanne** comprend déjà 120 volumes. (Voir, pour les guides spéciaux d'une province ou d'une ville et pour ceux des pays étrangers, le catalogue complet de la librairie L. HACHETTE et Cie.)

DICTIONNAIRE
DES
COMMUNES DE LA FRANCE

PAR ADOLPHE JOANNE

AVEC LA COLLABORATION D'UNE SOCIÉTÉ D'ARCHIVISTES,
DE GÉOGRAPHES ET DE SAVANTS.

Réunir en un seul volume le plus grand nombre possible de seignements utiles ou curieux sur toutes les communes et sur principaux villages de la France, tel est le but du dictionnaire nous annonçons aujourd'hui la mise en vente.

Une introduction de 150 pages à deux colonnes précède la cription alphabétique des communes.

L'article spécial consacré à chaque commune contient : — l vision administrative, — la population, — la situation géogra que, — l'altitude, — la distance des chefs-lieux de canton, d'ar dissement et de département, — les bureaux de poste, — les sta et les correspondances des chemins de fer, — le bureau de graphie électrique, — la cure, — l'indication de tous les étab ments d'utilité publique ou de bienfaisance, — tous les rensei ments administratifs, ecclésiastiques, militaires, maritimes, commerce, — l'agriculture, — les richesses minérales, — enfi curiosités naturelles ou archéologiques, les collections d'ol d'art ou de sciences.

Chaque département, chaque cours d'eau, chaque montag aussi un article particulier.

Un volume grand in-8, imprimé sur deux colonnes (2,430 pa Prix, broché. 9

<small>Le cartonnage en percaline gaufrée se paye en sus 2 fr. 25 c., et la re dos en chagrin, tranches jaspées, 4 fr.</small>

— Imp. L. Toinon et Cie, à Saint-Germain.

LIBRAIRIE DE L. HACHETTE ET Cᶜ
BOULEVARD SAINT-GERMAIN, Nº 77, A PARIS

BIBLIOTHÈQUE A 25 CENTIMES LE VOLUME
ET A 35 CENT. POUR LES OUVRAGES SOUMIS AU TIMBRE

Format petit in-18

AUCOC : *Notions sur l'histoire des voies de communication.* 1 volume.	» 25
BAUDRILLART (de l'Institut) : *Vie de Jacquart.* 1 volume....	» 25
— *Luxe et travail.* 1 volume..................	» 35
— *L'Argent et ses critiques.* 1 volume..................	» 35
— *La Propriété.* 1 volume..................	» 35
BÉRARD (Paul) : *Economie domestique de l'Éclairage.* 1 vol.	» 25
COMBEROUSSE (Ch. de) : *Les Grands ingénieurs.* 1 volume..	» 25
DAUBRÉE (de l'Institut) : *La Chaleur intérieure du globe.* 1 vol.	» 25
— *La Mer et les Continents.* 1 vol..................	» 25
DUVAL (Jules) : *Des Sociétés coopératives de production.* 1 vol.	» 35
— *Des Sociétés coopératives de consommation.* 1 volume.....	» 35
EGGER (E.), de l'Institut : *Le Papier dans l'antiquité et dans les temps modernes.* 1 volume..................	» 25
— *Un Ménage d'autrefois.* 1 volume..................	» 25
FRANCK (A), de l'Institut : *De la Famille.* 1 volume.........	» 25
LAPOMMERAYE (de) : *Les Sociétés de secours mutuels.* 1 vol....	» 35
LAVOLLÉE : *L'Exposition universelle de 1867.* 1 vol..........	» 25
LECLERT (Émile) : *La Voile, la Vapeur, et l'Hélice.* 1 volume.	» 25
LEVASSEUR : *La Prévoyance et l'Épargne.* 1 vol.........	» 35
— *Du Rôle de l'intelligence dans la production.* 1 volume.	» 35
MENU DE SAINT-MESMIN : *L'Ouvrier autrefois et aujourd'hui.* 1 volume..................	» 25
PAYEN (de l'Institut) : *L'Éclairage au gaz.* 1 volume......	» 25
PERDONNET : *Les Chemins de fer.* 1 volume..................	» 25
— *Utilité de l'instruction pour le peuple.* 1 vol..........	» 25
QUATREFAGES (de), de l'Institut : *Le Ver à soie.* 1 vol...	» 25
— *Histoire de l'Homme.* I. *Unité de l'espèce.* 1 vol........	» 25
REBOUL DENEYROL : *Aperçu historique sur l'Asile et les Conférences.* 1 volume..................	» 25
RIANT (A) : *Le Travail et la Santé.* 1 volume............	» 25
ROUCHÉ (Eugène) : *Le Système du Monde et le Calendrier.* 1 vol.	» 25
SIMONIN : *Le Mineur de Californie.* 1 volume............	» 25
— *Les Cités ouvrières de Mineurs.* 1 vol..................	» 25
WADDINGTON (Ch.) : *Des Erreurs et des Préjugés populaires.* 1 volume..................	» 25
WOLOWSKI (de l'Institut) : *Notions générales d'Économie politique.* 1 volume..................	» 35
— *De la Monnaie.* 1 volume..................	» 35
WORMS : *Quelques considérations sur le Mariage.* 1 vol....	» 25

Ces volumes sont la reproduction de conférences faites à l'asile impérial de Vincennes, sous le patronage de S. M. l'Impératrice.

Imprimerie L. Toinon et Cie, à Saint-Germain.

www.ingramcontent.com/pod-product-compliance
Lightning Source LLC
LaVergne TN
LVHW021700080426
835510LV00011B/1503